Quaderni di cinema per stranieri

Michele Daloiso

Io non ho paura

Gabriele Salvatores

Guerra Edizioni

PROGETTO
CULTURA

Simbologia

 Dialogare

 Leggere

 Osservare

 Scrivere

 Informazione

 Note

 Riferimento biografico

 Riferimento bibliografico

Grammatica

Autori
Michele Daloiso.

Responsabile didattico della collana
Paolo E. Balboni.

Progetto grafico, copertina e impaginazione
Keen s.r.l.

ISBN 978-88-7715-955-7

I edizione
© Copyright 2006 Guerra Edizioni - Perugia

Guerra Edizioni
via Aldo Manna, 25 - 06132 Perugia (Italia) / tel. +39 075 5270257-8 / fax +39 075 5288244
e-mail: geinfo@guerraedizioni.com / www.guerraedizioni.com

Gabriele Salvatores

Gabriele Salvatore nasce a Napoli il 30 luglio 1950, ma si trasferisce a Milano, ancora adolescente. Qui coltiva la sua passione per il teatro, iscrivendosi all'Accademia del Piccolo Teatro e fondando il Teatro dell'Elfo, che diventerà un centro di sperimentazione di nuove forme artistiche basate sull'unione tra parole e musica. La sua prima regia cinematografica è *Sogno di una notte d'estate* (1983), dove teatro, danza e musica si mescolano in modo affascinante. Salvatores torna dopo cinque anni con *Kamikazen - Ultima notte a Milano* (1987), un film ispirato alla pièce "Comedians" di Trevor Griffith, che non avrà alcun successo. Salvatores emerge finalmente con *Marrakech Express* (1989), che racconta la vicenda di un gruppo di persone che va in Marocco per salvare dal carcere un amico. Nel film si notano già i temi fondamentali della poetica di Salvatores: l'amicizia sincera, il tema del viaggio come fuga, la solidarietà generazionale, la difficoltà di crescere, la nostalgia del passato. In *Turné* (1990), storia d'un curioso triangolo amoroso dentro una compagnia teatrale in giro per l'Italia, l'equilibrio tra malinconia e sorriso trova un magico punto di fusione; ma il successo più importante è sicuramente *Mediterraneo* (1991), una storia di amori e piccole viltà ambientata in un'isoletta greca, durante la seconda guerra mondiale, che si aggiudica l'Oscar come miglior film straniero. Risultano buoni successi cinematografici anche *Puerto Escondido* (1992) che affronta il tema della fuga, e *Sud* (1993) legato a temi più esplicitamente politici.

I due film successivi, *Nirvana* (1996) e *Denti* (2000), pur nella loro diversità, sono accomunati dall'abbandono del clima divertente e spensierato degli altri film e dall'introduzione del tema della solitudine. Due anni più tardi Salvatores dirige *Amnèsia* che lo riporta alle tematiche dei suoi primi film. Solo nel recente *Io non ho paura* (2003), il regista campano sembra aver trovato la giusta alchimia: mettendo in immagini il bel libro di Niccolò Ammaniti, firma un "giallo" tutto particolare e un bellissimo ritratto del meridione nostrano negli anni '70.

Filmografia essenziale
REGISTA:

1) *Quo Vadis, Baby?* (2005)
2) *Io non ho paura* (2003)
3) *Amnèsia* (2002)
4) *Un mondo diverso è possibile* (2001)
5) *Denti* (2000)
6) *Nirvana* (1997)
7) *Sud* (1993)
8) *Puerto escondido* (1992)
9) *Mediterraneo* (1991)
10) *Turnè* (1990)
11) *Marrakech express* (1989)
12) *Kamikazen ultima notte a Milano* (1987)
13) *Sogno di una notte d'estate* (1983)

SCENEGGIATORE:

14) *Amnèsia* (2002)
15) *Denti* (2000)
16) *Nirvana* (1997)
17) *Sud* (1993)
18) *Kamikazen ultima notte a Milano* (1987)
19) *Sogno di una notte d'estate* (1983)

ATTORE:

20) *Il Cielo è sempre più blu* (1995)

Su Gabriele Salvatores:

http://it.wikipedia.org/wiki/Gabriele_Salvatores
www.cinematografo.it/bdcm/bancadati_qrycast.asp?ida=108147

I. Dopo aver letto la biografia di Salvatores, rispondi a queste domande:

a) **Quando e dove nasce Gabriele Salvatores?**
....

b) **Come coltiva il suo amore per il teatro?**
....
....

c) **Qual è il suo primo grande successo?**
....

d) **Quali sono i temi più importanti nei film del regista?**
....
....

e) **Con quale film Salvatore vince l'Oscar?**
....

f) **Che cosa hanno in comune i film Nirvana e Denti?**
....
....

Intervista a Gabriele Salvatores sul film "Io non ho paura"

Qual è stata la difficoltà principale nella realizzazione di questo film?
Sicuramente il lavoro più grosso è stato fare il casting dei bambini: più di 540 bambini provinati prima di arrivare al risultato finale. Non ho chiesto loro di recitare, ma ho cercato di parlare con loro, di conoscere qualcosa della loro biografia per riuscire a trovare dentro di loro qualche caratteristica dei miei personaggi. Credo, alla fine, che molti degli atteggiamenti o azioni che questi bambini fanno nel film appartengano un po' alla vita di ciascuno di loro.

Che tipo di lavoro ha svolto con i suoi piccoli attori?
Forte della mia esperienza teatrale, ho cercato innanzitutto di farli giocare e così farli entrare lentamente nei loro personaggi. Io personalmente ho cercato di non dire loro bugie, spiegando sempre le situazioni del film, anche le più scomode o imbarazzanti, così come nella realtà sono... ho sempre detto loro le cose come stanno!

Come nasce la scelta di adattare il romanzo di Niccolò Ammaniti? E la scelta di essergli così fedele?
È stata una decisione rapidissima: ho conosciuto Niccolò a casa di amici ed in una serata ho letto il suo libro... ho subito capito che ne sarebbe potuto venir fuori un bel film! E poi perché tradirlo? A me il libro è piaciuto veramente molto e come tutte le cose che si amano non è necessario tradire. La scelta poi di coinvolgere Niccolò nella scrittura della sceneggiatura rispondeva a questa esigenza di cercare di rimanere il più fedele possibile al romanzo. Naturalmente lo sguardo della macchina da presa è diverso dalle suggestioni che possono suggerire le parole scritte e comunque voglio ribadire che questa fedeltà al testo è pur sempre frutto di tanto lavoro.

Dietro la storia del libro e del suo film è possibile azzardare una lettura "politica" della nostra situazione attuale?

"Io non ho paura" è una grande dichiarazione di coraggio! Il protagonista del film perde la sua infanzia in diverse e fondamentali tappe di crescita: il primo passo è quando torna a guardare in quel buco nero così come molte volte noi stessi chiudiamo gli occhi di fronte a situazioni e realtà che ci fanno paura. Poi il ragazzino disobbedisce al padre (l'autorità riconosciuta) ed infine cresce quando si identifica con qualcuno di diverso da lui: la paura infatti nasce dalla non conoscenza delle diversità che ci circondano. E l'ultimo passo di una definitiva maturazione è nella decisione del bambino di mettere a rischio la propria vita fisica per salvarne un altra: assistiamo alla vitale scoperta dell'importanza dell'esistenza di un altra persona e che quindi la nostra singola vita è fondamentale fotogramma di un generale film collettivo!

(Intervista tratta da www.genitorieadolescenti.it)

2. Dopo aver letto l'intervista al regista, scegli la risposta corretta:

1) Per scegliere i bambini protagonisti del film, Salvatores:

a) Ha chiesto a loro di recitare una parte del film;

b) Ha parlato con loro;

c) Ha chiesto a loro di scrivere una presentazione.

2) Quando lavorava con i bambini, il regista:

d) Cercava di essere sincero con loro;

e) Non diceva loro la verità;

f) Li riprendeva senza che lo sapessero.

3) Nel film "Io non ho paura" Salvatores:

g) Ha cambiato molte cose del libro;

h) Ha cercato di essere fedele al libro;

i) Ha modificato solo le scene finali.

4) Lo scrittore e il regista:

j) Non si conoscono;

k) Sono amici d'infanzia;

l) Si sono conosciuti a casa di alcuni amici in comune.

5) Secondo Salvatores il protagonista del film:

m) Non cresce mai;

n) Cresce quando torna a guardare nel buco nero;

o) Cresce quando decide di salvare la vita al bambino nel buco.

Lo scrittore: Niccolò Ammaniti

Niccolò Ammaniti nasce a Roma nel 1966 ed esordisce come scrittore nel 1994 con il romanzo *Branchie* (Editrice Ediesse, poi Einaudi, 1997). Nel 1995 pubblica il saggio *Nel nome del figlio*, scritto insieme al padre Massimo, e nel 1996 la raccolta di racconti *Fango* (Mondadori). Molti suoi racconti sono stati tradotti tra l'altro in diverse lingue, tra cui francese, tedesco, greco e russo. È del 1999 *Ti prendo e ti porto via* (Mondadori), mentre uno dei suoi libri più amati e fortunati a livello editoriale esce nel 2001 con il titolo *Io non ho paura*. Con questo romanzo Ammaniti riesce a mescolare la tenerezza e le stranezze dell'infanzia con il dolore e l'ingiustizia. Anche se lo sviluppo della storia è forse un po' prevedibile, l'autore stupisce con una scrittura attenta e semplice, ottenendo un risultato narrativo eccezionale. Nicolò Ammaniti ritorna poi al fumetto, un genere che sicuramente ha contribuito a formare il suo stile narrativo. *Fa un po' male* è il libro pubblicato nel 2004 da Einaudi, che contiene tre brevi romanzi a fumetti ambientati a Roma, in una periferia pasoliniana ricca di storie e personaggi grotteschi.

Su Niccolò Ammaniti

www.niccolòammaniti.com

www.italica.rai.it/principali/argomenti/biografie/ammaniti.htm

3. Dopo aver letto la biografia di Niccolò Ammaniti, trova queste informazioni:

- **Anno di nascita**
- **Luogo di nascita**
- **Titolo del suo primo libro**
- **Titolo del suo libro più famoso**
- **Caratteristiche del suo stile narrativo**

Niccolò Ammaniti

Curiosità. Ammaniti supervincitore del Prix Gridane France 2006

Niccolò Ammaniti con *Je n'ai pas peur* (Io non ho paura) è il supervincitore della I edizione del Prix Grinzane France, con il quale il Premio Grinzane Cavour ha inaugurato la stagione dei suoi 25 anni. Il premio, che ha sede a Parigi, è riservato a opere di narrativa italiana contemporanea tradotte in Francia negli ultimi due anni. In linea con le caratteristiche del Premio Grinzane Cavour in Italia, anche il Prix Grizane France coinvolge giurie scolastiche composte da studenti dell'ultimo biennio di licei parigini in cui si insegna la lingua italiana. Gli studenti hanno proclamato il supervincitore fra quattro romanzi vincitori. Gli altri autori in gara: Diego Marani, Margaret Mazzantini, Sandro Veronesi. L'annuncio verrà fatto oggi ufficialmente nel corso della cerimonia di premiazione, all'Istituto Italiano di Cultura di Parigi, alle ore 19,30, al termine della quale verrà proiettato il film tratto dall'omonimo romanzo *Io non ho paura*, per la regia di Gabriele Salvatores. Il Prix Grinzane France è patrocinato dal Ministero degli Affari Esteri e dalla Regione Piemonte, d'intesa con l'Ambasciata d'Italia in Francia, in collaborazione con l'Istituto Italiano di Cultura a Parigi. Il prossimo appuntamento del Premio Grinzane Cavour si terrà a Mosca il 12 dicembre con la II edizione del Premio Grinzane Mosca.

(adattato da www.niccoloammaniti.com)

> **GLOSSARIO**
> *Inaugurare: celebrare ufficialmente l'inizio di un'attività, di una manifestazione pubblica...*
> *Giuria: gruppo di persone che controlla lo svolgimento, giudica e assegna i premi in competizioni, mostre, gare.*
> *Proclamare: annunciare ufficialmente.*
> *Patrocinare: sostenere, supportare.*

Il rapporto tra il romanzo e il film: una recensione

Si spengono le luci in sala e cala il buio, complice di quella magia che tanto seduce il viaggiatore immobile. Sto per vedere una delle pellicole che ho atteso di più e non ho dubbi che non mi deluderà. Il viaggio inizia dal buco, nel buio, fra radici spezzate, fango e vermi. La telecamera esplora lentamente e si alza per uscire: gli occhi abbagliati si strizzano perché fuori il sole ruggisce fra cicale e grano.

Siamo nel 1978, in un non precisato paesino del sud. In realtà, siamo in un non-luogo perché più che un ambiente reale questi sterminati spazi di grano oscillante, sovrastati solo dall'azzurro del cielo, sembrano essere più che altro luoghi dell'anima. Un mondo ancestrale e incontaminato che sembra incarnare perfettamente quella fase in cui prima o poi qualcosa si rompe e si cresce. Si perde l'innocenza. E così questo luogo di frontiera, quattro case e grano e sole, nasconde nella sua quiete apparente il germe della frattura, dell'inquietudine che non ci abbandonerà più.

Michele ha 9 anni e la sua vita è fatta di cose semplici: la bicicletta, i giornalini, la famiglia e i suoi amici. Semplici ma non piccole. Come non lo è la lotta costante per affermarsi nel gruppo o l'immaginazione sfrenata con cui Michele filtra il mondo. Sembra un universo eterno e immutabile, ma anche per Michele è in arrivo il cambiamento. Niente sarà più come prima quando troverà, in fondo a un buco, un bambino come lui.

Il libro di Ammaniti era nato come soggetto cinematografico e il modo di scrivere dell'autore è coinvolgente ed emozionante come un film. Ecco perché penso che la fatica di Salvatores sia stata minima: il regista doveva solo chiudere gli occhi e lasciare che la sua immaginazione realizzassero le immagini. S. stesso ha dichiarato che avrebbe potuto fare il film partendo direttamente dal libro, senza sceneggiatura, perché tutto era già presente fra quelle righe. Ed è così. Anche se la forza del libro non si esaurisce nella traduzione delle parole in immagini! Si può leggere il libro ed emozionarsi anche dopo aver visto il film, come si può vedere il film dopo averlo letto e uscire soddisfatti. C'è un rapporto stupefacente fra il libro e il film: è il risultato migliore che possa raggiungere la relazione fra immagine e parola.

Salvatores, per tradurre la narrazione del testo in prima persona, ha messo la telecamera ad altezza di bambino, seguendo sempre il protagonista. Ha lavorato soprattutto sulla distribuzione del sapere in modo da aumentare l'immedesimazione e la suspance, lasciando lo spettatore solo con Michele.

Impeccabile anche la musica originale, che su consiglio dello stesso scrittore, si affida al suono teso e incalzante degli archi. È indubbio che Salvatores abbia amato molto questo libro, perché ha creato qualcosa di veramente unico e pregevole.

Un grande piccolo libro finalmente ha trovato la giusta consacrazione in un film raffinato e poetico, che riempie l'anima e inorgoglisce perché riporta l'Italia fra i seggi alti della scena internazionale.

(Recensione tratta da www.hideout.it)

NICCOLÒ AMMANITI
IO NON HO PAURA

I MITI
€ 5.00

GLOSSARIO

Complice: *chi aiuta qualcuno o qualcosa.*
abbagliato: *che non riesce a vedere a causa della luce troppo intensa.*
sterminato: *grandissimo, infinito.*
incontaminato: *puro.*
quiete: *tranquillità, pace.*
esaurirsi: *finire.*
pregevole: *che merita un giudizio positivo.*

4. L'autore della recensione descrive l'inizio del film. Nelle prime immagini del film la telecamera riprende:

a) solo la campagna

b) prima la campagna e poi un luogo buio

c) prima un luogo buio e poi la campagna

5. A chi si riferisce l'autore quando parla di viaggiatore immobile?

a) allo spettatore

b) al regista

c) agli attori del film

6. Perché secondo l'autore il luogo dove è ambientato il film è in realtà un "luogo dell'anima"?

....

....

....

7. Vero o Falso? Secondo l'autore della recensione:

	vero	falso
a) Il libro è molto più bello ed emozionante del film	●	●
b) Il regista ha dovuto faticare poco per realizzare il film	●	●
c) Il libro di Ammoniti è stato scritto prima del film	●	●
d) Dopo aver visto il film, si rimane delusi dal libro	●	●
e) L'autore del libro ha criticato duramente il film	●	●

8. Scegli la definizione giusta delle seguenti parole:

Irrefrenabile	1) pazzo	2) assurdo	3) incontrollabile	4) insopportabile
Filtrare	1) elaborare	2) dimenticare	3) deformare	
Immutabile	1) che cambia	2) che non cambia mai	3) strano	
Stupefacente	1) orribile	2) apparente	3) sorprendente	4) pericoloso

Io non ho paura

Anno di produzione: 2003

Durata: 105'

Regia: Gabriele Salvatores

Attori: Giuseppe Cristiano, Mattia Di Pierro, Adriana Conserva, Dino Abbrescia, Diego Abatantuono, Aitana Sanchez-Gijon, Giorgio Careccia, Antonella Stefanucci, Fabio Tetta, Giulia Matturro, Riccardo Zinna.

Genere: drammatico

Varietà linguistica: italiano regionale (varietà meridionale)

Trama

La vicenda è ambientata nel 1978 ad Acqua Traverse, un immaginario paesino dell'Italia meridionale. Un gruppo di bambini, tra i quali Michele Amitrano, corrono e giocano nella campagna, tra il caldo estivo, in mezzo ad un mare di spighe. Proprio in quel luogo si nasconde un segreto spaventoso, che Michele scoprirà per caso e si troverà ad affrontare da solo. Un segreto terribile, che costringerà il piccolo protagonista a fare i conti con se stesso, a trovare la forza per prendere coscienza e diventare grande a soli nove anni.

9. Prima di vedere le scene iniziali del film, incontra i personaggi attraverso il libro! Leggi questo brano, che fa parte delle pagine iniziali del romanzo.

Quella maledetta estate del 1978 è rimasta famosa come una delle più calde del secolo. Il calore entrava nelle pietre, sbriciolava la terra, bruciava le piante e uccideva le bestie, infuocava le case [...]. Ad Acqua Traverse gli adulti non uscivano di casa prima delle sei di sera. Si tappavano dentro, con le persiane chiuse. Solo noi ci avventuravamo nella campagna rovente e abbandonata.

Mia sorella Maria aveva 5 anni e mi seguiva con l'ostinazione di un bastardino tirato fuori da un canile.

"Voglio fare quello che fai tu", diceva sempre. Mamma le dava ragione.

"Sei o non sei il fratello maggiore?" E non c'erano santi, mi toccava portarmela dietro. Nessuno si era fermato ad aiutarla.

Normale, era una gara.

- Dritti, su per la collina. Niente curve. È vietato stare uno dietro l'altro. È vietato fermarsi. Chi arriva ultimo paga penitenza - Aveva deciso il Teschio e mi aveva concesso: - Va bene, tua sorella non gareggia. È troppo piccola.

- Non sono troppo piccola!- aveva protestato Maria - Voglio fare anch'io la gara! - E poi era caduta.

Peccato, ero terzo.

Primo era Antonio. Come sempre.

Antonio Natale detto il Teschio. Perché lo chiamavano il teschio non me lo ricordo. Forse perché una volta si era appiccicato sul braccio un teschio, una di quelle decalcomanie che si compravano dal tabaccaio e si attaccavano con l'acqua. Il teschio era il più grande della banda. Dodici anni. Ed era il capo. Gli piaceva comandare e se non obbedivi diventava cattivo. Non era una cima, ma era grosso, forte e coraggioso. E si arrampicava su per la collina come una dannata ruspa.

Secondo era Salvatore.

Salvatore Scardaccione aveva nove anni, la mia stessa età. Eravamo in classe insieme. Era il mio migliore amico. Salvatore era più alto di me. Era un ragazzino solitario. A volte veniva con noi ma spesso se ne rimaneva per i fatti suoi. Era più sveglio del Teschio, gli sarebbe bastato poco per spodestarlo, ma non gli interessava diventare capo. Il padre, l'avvocato Emilio Scardaccione,

era una persona importante a Roma. E aveva
un sacco di soldi in Svizzera. Questo si diceva.
Poi c'ero io, Michele. Michele Amitrano. E anche
quella volta ero terzo, Stavo salendo bene,
ma per colpa di mia sorella adesso ero fermo.
Stavo decidendo se tornare indietro o lasciarla
là, quando mi sono ritrovato quarto. Dall'altra
parte del crinale quella schiappa di Remo
Marzano mi aveva superato. E se non mi rimet-
tevo subito ad arrampicarmi mi sorpassava pure
Barbara Mura. Sarebbe stato orribile. Sorpassato
da una femmina. Cicciona.

GLOSSARIO

appiccicato: *attaccato.*

arrampicarsi: *salire attaccandosi a qualcosa.*

crinale: *zona di montagna su cui è possibile camminare.*

decalcomania: *tatuaggio temporaneo.*

ruspa: *macchina usata per scavare la terra.*

spodestare: *togliere il potere.*

schiappa: *persona che non sa fare qualcosa (un gioco, un lavoro, uno sport...).*

 10. Ora completa questa tabella con le informazioni sui personaggi che trovi nel testo.

	età	caratteristiche fisiche	personalità
• Barbara			
• Il Teschio			
• Maria			
• Michele			
• Remo			
• Salvatore			

11. Come avrai scoperto, alcune parti della tabella restano vuote. L'autore, infatti, non descrive tutti i personaggi nel dettaglio. Ora chiudi gli occhi, immagina come potrebbero essere i personaggi... e completa la tabella con la fantasia!

12. Dopo aver letto un'altra volta il testo, collega queste parole con la loro definizione.

a) Canile	**1)** Continuare ad avere un certo atteggiamento, con fermezza e volontà, a volte anche inopportuna
b Ostinazione	**2)** Competizione
c) Gara	**3)** Luogo dove si custodiscono o si fanno crescere i cani
d) Penitenza	**4)** Nei giochi per bambini, prova di abilità imposta a chi perde il gioco.

13. Qui sotto ci sono alcune espressioni che hai trovato nel testo.
Che cosa significano? Lavora con un compagno e provate insieme a trovare altre espressioni con lo stesso significato.

Esempio: non c'erano santi → *non c'era niente da fare, non avevo alternative.*

a) mi seguiva con l'ostinazione di un bastardino → ....

b) mi toccava portarmela dietro → ....

c) non era una cima → ....

d) Salvatore era più sveglio del Teschio → ....

14. Nel brano che hai letto i bambini stanno facendo un gioco. Che tipo di gioco è?
E tu quali giochi fai o facevi con i tuoi amici? Completa lo schema.

• Mi piace (mi piaceva) giocare ....

• Mi piace (mi piaceva) anche ....

• Spesso ....

• Non mi piace (non mi piaceva) giocare a ....

Ora lavora con altri 2/3 compagni e discuti con loro sui giochi che amate o amavate fare. Poi cerca di trovare giochi o attività che piacciono o piacevano anche a loro, completando lo schema.

• Ci piace (ci piaceva) giocare ....

• Ci piace (ci piaceva) anche ....

• Spesso ....

• Non ci piace (non ci piaceva) giocare a ....

Prima sequenza: Michele scopre un buco sottoterra

**15. Guarda con attenzione i primi due minuti
di questa sequenza togliendo l'audio e cerca
di capire:**

a) dove si svolge la scena?

....

b) quando (anno, stagione, ora del giorno)?

....

**16. Chi tra i bambini è Michele, secondo te? E gli altri bambini chi potrebbero essere?
Guarda nuovamente i primi due minuti senza audio e prova a riconoscere i personaggi
partendo dalla loro descrizione nel libro.**

17. Hai riconosciuto tutti i personaggi? Sono come li avevi immaginati? Noti delle differenze rispetto alla descrizione del libro? Discutine con i compagni!

**18. Ora guarda l'intera sequenza e metti le seguenti azioni nell'ordine
in cui le vedi.**

a) Barbara spinge Michele e lo fa cadere

b) Michele vede un piede dentro la buca

c) Maria cade

d) I bambini votano e Barbara deve fare la penitenza

e) Gli occhiali di Maria si rompono

f) Michele torna nella casa abbandonata

g) Maria e Michele trovano una casa abbandonata

h) I bambini stanno tornando a casa

i) Michele cammina sopra un'asse di legno

j) Michele decide di fare la penitenza al posto di Barbara

k) Michele scopre una buca sottoterra

Ordine corretto: .... / .... / .... / .... / .... / .... / .... / .... / .... / .... / ....

**19. Qui sotto hai la trascrizione di una parte della sequenza.
Completa i dialoghi con le battute mancanti.**

a) Le cose sono di chi le vede per primo

b) Non è giusto, tocca sempre a me!

c) Io mi sono dovuto fermare perché mia sorella si era fatta male!

d) Io sono arrivato per ultimo

e) Che fai, piangi?

f) E chi ha vinto?

g) Sono passati di qui.

h) Io dico che tocca a te.

i) Te lo puoi scordare!

j) Si sono rotti

1	Maria:	Michele!
	Michele:	Maria!
	Maria:	Sono caduta!
	Remo:	Dove vai?!
5	Maria:	(1) ....
	Michele:	Te l'avevo detto di non venire!
	Maria:	E adesso?
	Michele:	Ci mettiamo lo scotch, vieni! Dai, Maria, corri!
	Maria:	Che schifo!
10	Michele:	(2) ....
	Maria:	C'è una casa!
	Salvatore:	Complimenti... finalmente ce l'hai fatta...
	Michele:	Mia sorella si era fatta male. E gli altri?
	Salvatore:	Sono andati giù.
15	Michele:	(3) ....
	Salvatore:	E chi ha vinto... il Teschio!
	il Teschio:	Questo posto è mio.
	Michele:	Come è tuo?
	Il Teschio:	È mio perché l' ho visto per primo. (4) ....
20	Michele:	Chi fa allora la penitenza?
	Barbara:	Sei arrivato ultimo e tocca a te fare la penitenza!
	Michele:	(5) ....
	Barbara:	hai perso!
	Michele:	A chi tocca fare la penitenza?
25	Il Teschio:	A lei.
	Barbara:	(6) .... E facciamo la votazione, no? Non può decidere sempre tutto lui.

Il Teschio:	Facciamo la votazione... (7) ....
Michele:	Pure io!
30 Maria:	Pure io!
Salvatore:	Pure io!
Il Teschio:	Visto?
Barbara:	Che devo fare?
Il Teschio:	Ce la devi far vedere.
35 Barbara:	(8) ....
Maria:	Cos'è che ci deve far vedere?
Michele:	Shh!
il Teschio:	Hai perso e lo fai!
Barbara:	No!
40 Il Teschio:	No?
Barbara:	E non dite niente voi? Va bene però non ci vengo più con voi, stronzi!
Il Teschio:	(9) ....
Barbara:	No, non piango!
Michele:	Ferma! La faccio io, (10) ....

Curiosità. L'italiano meridionale

In Italia, oltre all'italiano standard, in ogni regione si parla una varietà di italiano diversa: la struttura sintattica e gran parte delle parole sono le stesse dell'italiano standard, ma ci sono degli elementi lessicali e fonetici che cambiano da regione a regione. Questo fenomeno è in parte dovuto alla presenza dei dialetti, e alle loro interferenze con la lingua italiana.

L'italiano parlato dai protagonisti di *Io non ho paura* è di tipo meridionale: la storia è ambientata nella campagna lucana, e quindi la varietà linguistica usata da Michele e i suoi amici ha caratteristiche particolari, in parte legate all'influenza del dialetto lucano.

Se ascolti attentamente il dialogo della prima sequenza, noterai che i personaggi hanno un'intonazione particolare e pronunciano le parole in maniera diversa dall'italiano standard.
Per esempio:

Detto viene pronunciato con la /e/ aperta;

Lei viene pronunciato con /e/ chiusa;

Nella parola **votazione**, la seconda /o/ viene pronunciata quasi come una /u/, mentre la /e/ finale non viene quasi pronunciata.

Per quanto riguarda il lessico, nel dialogo hai trovato queste due frasi:

Pure io!

Che devo fare?

Nella prima frase trovi la congiunzione coordinante *pure*, che nell'italiano standard ha generalmente lo stesso significato di *anche*. Dal punto di vista geografico, nel Nord Italia si preferisce la forma *anche*, mentre al Centro Sud si preferisce *pure*.

Nella seconda frase trovi il pronome interrogativo *che*, sinonimo del pronome *cosa*. Entrambi i pronomi si usano quando ci riferiamo ad un oggetto, un'azione, una circostanza, ma mentre nel Nord Italia si preferisce *cosa*, nel Centro Sud è più usato il pronome *che*.

Seconda sequenza: Michele compra del cibo per il bambino nel buco e glielo porta

20. Guarda una prima volta la sequenza. Non è importante che tu capisca subito i dialoghi. Concentrati solo sui particolari della scena (ambientazione, personaggi), e completa le frasi:

a) **la scena si svolge:**

☐ di giorno   ☐ di notte

☐ di sera   ☐ non so

b) **il tempo è:**

☐ nuvoloso   ☐ piovoso

☐ sereno   ☐ incerto

c) **il negozio dove entra Michele vende:**

☐ solo cibo   ☐ cibo e giocattoli

☐ cibo e vestiti   ☐ cibo e libri

d) **quando vede la macchina arrivare, Michele è:**

☐ felice   ☐ indifferente

☐ triste   ☐ spaventato

21. Guarda di nuovo la scena tra Michele e Assunta e sottolinea solo le cose che vedi nel negozio.

• uova • farina • olio • grano • pane • biscotti • latte • carne • zucchero • pasta • caramelle • frutta • bibite • gelati • pesce • piselli • torte • verdura • acqua

22. Ora concentrati sul bambino dentro il buco e raccogli tutte le informazioni possibili:

sul suo aspetto fisico	sulla sua personalità

**23. Guarda di nuovo la sequenza, cercando di capire che cosa dicono
i personaggi e decidi se queste frasi sono vere o false. Motiva le tue scelte!**

		vero	falso
a)	Michele chiede ad Assunta cosa si può comprare con 500 lire	●	●
b)	Assunta consiglia a Michele di comprare una torta	●	●
c)	Michele chiede al bambino se conosce Felice (l'uomo in macchina)	●	●
d)	Michele si arrabbia perché il bambino mangia troppo pane	●	●
e)	Michele torna dal bambino perché gli vuole chiedere scusa	●	●
f)	Il bambino risponde a tutte le domande di Michele	●	●
g)	Il bambino crede che Michele sia uno spirito	●	●
h)	Il bambino crede di essere morto	●	●

**24. Qui sotto trovi la trascrizione del dialogo tra Michele e il bambino.
Mancano alcuni pronomi: ascolta e inseriscili!**

I	Michele:	Senti, ti devo chiedere una cosa. Conosci a Felice, il fratello del Teschio?
		Felice Natale! Io .... odio a Felice. Ma che è lui che ti dà da mangiare?
		No, perché... l'ho visto che veniva via da questa parte e pensavo...
		Ma che sei sordo?
5	Michele:	Senti, scusa... mi è venuta in mente una cosa. .... ridai quel pane se non te lo
		mangi? Senti, ... spiego. Se arriva Felice e lo trova, quello lo capisce!
		Allora .... vengo a prendere io!
	Michele:	Senti, ma tu come ti chiami? Come si chiama tuo padre? Mio padre si chiama
		Pino. Pure il tuo si chiama Pino, per caso?
10		Vabbè. .... vado.
	Bambino:	Gli orsetti...
	Michele:	Ma che, hai parlato? Non capisco!
	Bambino:	Gli orsetti...
	Michele:	Gli orsetti? Come gli orsetti?
15	Bambino:	Gli orsetti lavatori! Se lasci la finestra aperta entrano in casa e rubano le torte,
		i biscotti...
	Michele:	Ma qui non .... stanno gli orsi!
	Bambino:	Gli orsetti lavatori possono anche mordere l'uomo...
	Michele:	Piuttosto, mica ieri .... sei mangiato una fettina di carne? È molto importante!
20	Bambino:	Tu sei l'angelo custode?
	Michele:	Io non sono l'angelo! E chi è l'angelo?
	Bambino:	Sono morto...
	Michele:	che dici?
	Bambino:	sono morto...
25	Michele:	come morto?
	Bambino:	sono morto, sono morto!

In questo dialogo **Michele** usa spesso i **pronomi diretti**
e i **pronomi indiretti** insieme.
Rifletti su queste frasi insieme ad un compagno e completate la regola:

• *Me lo ridai (il pane), se non te lo mangi?*
• *Senti, te lo spiego.*

Quando ci sono due pronomi, il pronome .... *va messo prima del*

pronome ....

Mi *e* **ti** *diventano* .... *e* ....; *allo stesso modo* **ci** *e* **vi** *diventano* ....

e ....

Gli *e* **Le** *si uniscono ai pronomi diretti e diventano* **gliela, gliela,** ...., ...

Ecco uno schema che riassume le forme dei pronomi doppi.

mi + lo / la / li / le	**me** lo - **me** la - **me** li - **me** le
ti + lo / la / li / le	**te** lo - **te** la - **te** li - **te** le
gli + lo / la / li / le	**gli**elo - **gli**ela - **gli**eli - **gli**ele
le + lo / la / li / le	**gli**elo - **gli**ela - **gli**eli - **gli**ele
ci + lo / la / li / le	**ce** lo - **ce** la - **ce** li - **ce** le
vi + lo / la / li / le	**ve** lo - **ve** la - **ve** li - **ve** le
gli + lo / la / li / le	**gli**elo - **gli**ela - **gli**eli - **gli**ele

26. Michele usa alcune forme che nell'italiano standard non sono corrette,
o si possono usare solo in situazioni informali. Si tratta spesso di interferenze con il
dialetto meridionale. Prova a correggerle!

a) Conosci a Felice, il fratello del Teschio?

....

b) Io lo odio a Felice.

....

c) Ma che è lui che ti dà da mangiare?

....

d) Ma che hai parlato?

....

e) Se arriva Felice e lo trova, quello lo capisce!

....

27. Da quando ha trovato il bambino sottoterra, Michele continua a chiedersi: chi è quel bambino?
Perché è sottoterra?
Perché dice quelle strane cose? Michele cerca di rispondere a queste domande con la fantasia. Leggi questo brano e scopri cosa pensa!

Poteva essere che il bambino nel buco era mio fratello, ed era nato pazzo come Nunzio e papà lo aveva nascosto lì, per non farci spaventare me e mia sorella. Per non spaventare i bambini di Acqua Traverse.
Forse io e lui eravamo gemelli. Eravamo alti uguali e sembrava che avevamo la stessa età. Quando eravamo nati, mamma ci aveva presi tutti e due dalla culla, si era seduta su una sedia e ci aveva messo il seno in bocca per darci il latte. Io avevo cominciato a succhiare, ma lui, invece, le aveva morso il capezzolo, aveva cercato di strapparglielo, il sangue e il latte le colavano dal seno e mamma urlava per casa. – È pazzo!

È pazzo! Pino, portalo via, portalo via! Uccidilo, che è pazzo!
Papà lo aveva infilato in un sacco e lo aveva portato sulla collina per ammazzarlo, lo aveva messo a terra, nel grano e doveva pugnalarlo, ma non ce l'aveva fatta. Era sempre suo figlio. E allora aveva scavato un buco, lo aveva incatenato dentro e lo aveva cresciuto.
Mamma non sapeva che era vivo.
Io sì.

> **GLOSSARIO**
> **spaventare:** *mettere paura, terrorizzare*
> **culla:** *piccolo letto per i bambini appena nati*
> **colare:** *cadere lentamente (tipico dei liquidi)*
> **pugnalare:** *colpire con un pugnale (arma corta con una punta molto tagliente)*

28. Che cosa immagina Michele in questo brano?
E tu che spiegazione daresti?
Fai delle ipotesi insieme ad un compagno e poi discutine con l'intera classe.

Nota grammaticale: **L'IMPERFETTO DELL'IRREALTÀ**
In questo brano Michele per raccontare le sue fantasie usa l'imperfetto indicativo.
Questo tempo verbale, infatti, non esprime solo azioni reali ripetute o contemporanee, ma può essere usato per parlare di azioni irreali, come sogni e fantasie.

Esempi: *Forse io e lui eravamo gemelli.*
            Ho sognato che ero al concerto di Madonna e mi divertivo moltissimo.

I bambini, inoltre, usano spesso l'imperfetto quando devono decidere i ruoli in un gioco di fantasia:

Esempio: *Facciamo che io ero il papà, tu eri la mamma e lui era il bambino.*

Terza sequenza: Michele spia i "grandi" e scopre la verità

29. In questa sequenza Michele ascolta una conversazione tra i "grandi" e scopre chi è il bambino sottoterra. Guarda la scena togliendo l'audio e prova ad indovinare cosa è successo al bambino.

30. Ora guarda di nuovo la scena con l'audio e completa le frasi:

a) Il nome del bambino è ....

b) Il suo cognome è ....

c) Il bambino abitava a ....

d) Il bambino è stato ....

e) La donna alla televisione è sua ....

È troppo difficile? Allora risolvi questi anagrammi e troverai le risposte!

a) PILIPOF   b) ACCIRCUD   c) LANIMO   d) PAROTI   e) REDAM

31. In questa sequenza non è facile capire i dialoghi perché ci sono molte forme dialettali. Per esercitare le tue abilità di comprensione orale, prova ad ascoltare un'altra volta la scena e sottolinea le espressioni che senti:

- state zitti!;
- mi rivolgo ai sequestratori di mio figlio;
- due orecchie gli tagliamo!;
- io non ci capisco più niente!;
- tu non devi capire niente!;
- non siete capaci;
- la cifra che avete chiesto è molto alta;

- lasciate in pace il mio bambino!;
- questa storia deve finire al più presto!;
- dovete tenere nascosto il bambino;
- anche ieri non ne hanno parlato;
- non riesco a sentire niente;
- non ti preoccupare, andrà tutto bene;

- te taci, che sei il peggio di tutti;
- tu sei un deficiente;
- lasciami in pace!;
- non ce la faccio più;
- allora, non si sente niente!

32. In questa scena incontri un personaggio nuovo: si chiama Sergio, è l'uomo con gli occhiali scuri. Dopo aver visto di nuovo la scena, leggi questo brano del libro che lo descrive.

Erano seduti a tavola.
Italo Natale, il padre del Teschio. Pietro Mura, il barbiere. Angela Mura. Felice. Papà. E un vecchio che non avevo mai visto. Doveva essere Sergio, l'amico di papà.
Fumavano. Avevano le facce rosse e stanche e gli occhi piccoli piccoli.
Il tavolo era pieno di bottiglie vuote, ceneriere piene di mozziconi, pacchetti di Nazionali e Mild

Sorte, briciole di pane. Il ventilatore girava, ma non serviva a niente. Si moriva dal caldo. Il televisore era acceso, senza il volume. C'era odore di pomodoro, sudore e zampirone.
Mamma preparava il caffè.
Ho guardato il vecchio che tirava fuori una sigaretta da un pacchetto di Dunhill.
Ho saputo poi che si chiamava Sergio Materia.
All'epoca aveva sessantasette anni e veniva da

Roma, dove era diventato famoso, vent'anni prima, per una rapina in una pelliccceria di Monte Mario e un colpo alla sede centrale della Banca dell'Agricoltura. Una settimana dopo la rapina si era comprato una rosticceria-tavola calda in piazza Bologna. Voleva riciclare il denaro, ma i carabinieri lo avevano incastrato proprio il giorno dell'inaugurazione. Si era fatto parecchia galera, per buona condotta era tornato in libertà ed era emigrato in Sud America.

Sergio Materia era magro. Con la testa pelata. Sopra le orecchie gli crescevano dei capelli giallastri e radi, che teneva raccolti in una coda. Aveva il naso lungo, gli occhi infossati e la barba, bianca, di almeno un paio di giorni, gli macchiava le guance incavate. Le sopracciglia lunghe e biondicce sembravano ciuffi di peli incollati sulla fronte. Il collo era grinzoso, a chiazze, come se glielo avessero sbiancato con la candeggina. Indossava un completo azzurro e una camicia di seta marrone. Un paio di occhiali d'oro gli poggiavano sulla pelata lucida. E una catena d'oro con un sole spuntava tra i peli del petto. Al polso portava un orologio d'oro massiccio.

> **GLOSSARIO**
> **pelato:** *senza capelli*
> **radi:** *pochi e sparsi*
> **infossato:** *scavato, rientrante*
> **grinzoso:** *pieno di pieghe sulla pelle*

33. Ora scegli la risposta giusta:

1) Sergio ha:

a) cinquantaquattro anni

b) quarantasette anni

c) sessantasette anni

2) Sergio è di origine:

a) milanese

b) romana

c) barese

3) Sergio è stato arrestato per:

a) un rapimento

b) una rapina

c) un omicidio

4) I carabinieri lo hanno arrestato il giorno dell'inaugurazione:

a) della Banca dell'Agricoltura

b) della pellicceria di Monte Mario

c) della rosticceria-tavola calda

5) Quando è uscito dal carcere Sergio è andato:

a) in Africa

b) in Sud America

c) a Bologna

6) Michele pensa che Sergio sia:

a) un amico di suo padre

b) un parente

c) il capo di suo padre

7) Dall'abbigliamento possiamo dire che Sergio:

a) ha pochi soldi

b) ha tanti soldi

c) non ha soldi

34. Leggi di nuovo il testo. Qui sotto trovi i sinonimi o le definizioni delle parole sottolineate. Scrivi gli abbinamenti corretti.

• attaccati con la colla → ....

• piccoli frammenti di cibo → ....

• macchie → ....

• le parti restanti di una sigaretta consumata → ....

• chi taglia capelli e barba per lavoro → ....

• negozio che vende cibo fritto → ....

• piccoli gruppi di capelli → ....

• elettrodomestico usato per rinfrescare l'ambiente → ....

35. Rileggi la descrizione fisica di Sergio e confrontala con il personaggio del film. Le differenze sono molto evidenti. Riassumile completando questa tabella.

caratteristiche	nel libro	nel film
• corporatura		
• capelli		
• occhi		
• naso		
• barba		
• sopracciglia		
• altre informazioni		

Quarta sequenza: Michele e Filippo diventano amici

36. Chiudi gli occhi e ascolta questa sequenza senza vedere le immagini. Prova ad immaginare:

a) Dove si svolge la scena.

b) Chi sono i due personaggi che parlano.

c) Come potrebbero essere vestiti.

d) Che cosa stanno facendo.

37. Guarda una prima volta la sequenza e trova le seguenti informazioni:

a) La mamma di Filippo ha detto che ....

b) Filippo crede che i suoi genitori ....

c) Filippo pensa che Michele sia il suo ....

d) Michele e Filippo hanno .... anni.

e) Michele e Filippo frequentano la classe ....

38. Qui sotto trovi la trascrizione del dialogo tra Michele e Filippo. Ascolta con attenzione il dialogo e inserisci le battute di Michele.

a) Che per caso tua mamma è bionda? E c'è anche un quadro con una barca a casa vostra?

b) Che vuoi?

c) Un attimo, un attimo solo.

d) Tu ti chiami Filippo, vero? Tua madre dice che ti vuole bene e che le manchi. Lo ha detto ieri alla televisione. E ha detto di non preoccuparti.

e) Questo non lo so.

f) Beh, ho dieci anni.

g) Io sono venuto fin qua per te, ho fatto tutta questa strada e tu mi cacci via?

h) Lo vedi? Tua madre stava alla televisione e si vedeva il veliero. E ha detto che ti vuole molto bene, e anche il tuo papà.

i) Basta! Smettila!

j) Faccio la quinta, e tu?

k) Va bene, io me ne vado e non torno mai più, e qui starai sempre solo, e ti taglieranno anche le orecchie! E io non sono il tuo angelo custode!

l) Non lo so.

m) Cosa?

n) Perché non apri gli occhi?

o) Però se fai il pazzo me ne vado!

p) Mmh, con questi orsetti! E dai, apri gli occhi!

1	Michele:	(1) ....
		....
	Filippo:	La mamma è morta.
	Michele:	(2) ....
5	Filippo:	Non è vero! La mamma è morta, e anche il mio papà, e anche la nonna!
		Sono tutti morti e vivono nei buchi!
	Michele:	(3) ....
	Filippo:	Non è una barca, è un veliero!
	Michele:	(4) ....
10		....
	Filippo:	E allora perché non mi vengono a prendere?
	Michele:	(5) ....
	Filippo:	E perché me ne sto qui?
	Michele:	(6) ....
15	Filippo:	Tu non sai niente! Vattene via! Tu non sei l'angelo custode! Lasciami in pace!
	Michele:	(7) ....
	Filippo:	Vattene via!
	Michele:	(8) ....
	Filippo:	Vattene via!
20	Michele:	(9) ....
		....
	Filippo:	Aspetta!
	Michele:	(10) ....
	Filippo:	Ti prego, rimani.
25	Michele:	(11) ....
	Filippo:	Non lo faccio.
	Michele:	(12) ....
	Filippo:	Vieni qui. Lo sapevo che tornavi, me l'avevano detto gli orsetti lavatori.
	Michele:	(13) ....
30	Filippo:	Non posso.
	Michele:	(14) ....
	Filippo:	Sei piccolo.
	Michele:	(15) ....
	Filippo:	Anch'io. Che classe fai?
35	Michele:	(16) ....
	Filippo:	Anch'io! Siamo uguali!

a) **In questo dialogo Filippo usa due verbi pronominali. Sono verbi particolari, che si coniugano insieme a uno o due pronomi e assumono un significato diverso. Riesci a trovarli?**

....

b) **Qui sotto trovi i significati di alcuni verbi pronominali. Collega il verbo con il suo significato!**

- andar via da un posto   ➡ ....
- usare tutte le proprie forze per fare qualcosa   ➡ ....
- non preoccuparsi di una cosa   ➡ ....
- smettere di avere un comportamento sbagliato   ➡ ....
- riuscire in qualcosa   ➡ ....
- essere arrabbiato con qualcuno   ➡ ....
- offendersi   ➡ ....
- avere risultati discreti in un'attività/uscire bene da una brutta situazione ➡ ....

- *prendersela*   *avercela*   *mettercela tutta*
- *cavarsela*   *smetterla/piantarla/finirla*   *andarsene*
- *fregarsene/non importarsene*   *farcela*

c) **Ora rifletti sui verbi pronominali dell'esercizio precedente. Da quali verbi derivano? In alcuni casi puoi trovare delle connessioni tra il significato del verbo pronominale e il significato del verbo "originario"?**

40. Ora che hai guardato più volte la sequenza, discutine insieme ai compagni. Ecco alcune domande-guida.

a) Che rapporto ha Michele con Filippo in questa scena?

b) Perché secondo te Michele continua ad andare a trovare Filippo?

c) Michele e Filippo hanno in comune una cosa: entrambi non riescono a capire il motivo per cui Filippo è rinchiuso nel buco. Prima di scoprire la verità, quali idee si era fatto Michele? Le sue ipotesi erano vicine alla verità?

d) E Filippo come vive il proprio rapimento? Ne è cosciente? Capisce dove si trova? Che cosa pensa gli sia successo?

e) Pensando a questa sequenza, e a quelle precedenti, secondo te la trama del film è verosimile?

Quinta sequenza: Michele libera Filippo

41. Guarda una prima volta la sequenza, e concentrati sull'ambientazione. Segna con una crocetta la risposta corretta.

a) **la scena si svolge:**

☐ di mattina

☐ di pomeriggio

☐ di sera

☐ di notte

b) **Filippo è rinchiuso:**

☐ in un buco sottoterra

☐ in un garage

☐ in una cantina

☐ in una stalla

d) **Filippo ha:**

☐ le mani e i piedi legati

☐ le mani legate e un fazzoletto sulla bocca

☐ i piedi legati

☐ le mani libere

c) **Filippo è:**

☐ stanco

☐ triste

☐ disperato

☐ allegro

e) **Michele illumina il posto con:**

☐ una torcia elettrica

☐ un accendino

☐ un fiammifero

☐ una lampada

42. Guarda di nuovo la sequenza e forma delle frasi collegando le parti della colonna A con quelle della colonna B.

A

1) I grandi vogliono

2) Filippo non ha la forza per

3) Michele aiuta Filippo a

4) Filippo

5) Michele non riesce ad

6) Filippo ha paura di

7) Michele non vuole che Filippo

8) Michele

B

a) alzarsi.

b) lo aspetti.

c) arrampicarsi sul cancello da solo.

d) sparare a Filippo.

e) si arrampica sul cancello di legno.

f) uscire dalla stalla.

g) libera Filippo dalle corde che lo legavano.

h) saltare.

43. Ora fai più attenzione al dialogo tra Michele e Filippo, sottolinea tutte le esclamazioni che senti.

- *alzati*
- *ascoltami*
- *aspettami*
- *attento*
- *bravo*
- *ce la puoi fare*
- *ce la devi fare*

- *dai, che stanno arrivando*
- *forza*
- *guardami*
- *ho paura*
- *lasciami in pace*
- *mi fai male*
- *non ce la faccio*

- *perdonami*
- *salta*
- *scusami*
- *stupido*
- *vado a cercare aiuto*
- *vattene*
- *vieni*

Chi dice queste frasi? Inserisci le esclamazioni che hai sottolineato nella seguente tabella. Se è necessario, puoi ascoltare nuovamente il dialogo.

Michele ha detto:	Filippo ha detto:

44. Qui sotto trovi la trascrizione del dialogo di questa scena. Completala scegliendo le parole corrette.

1	Michele:	Filippo! Filippo!
	Filippo:	mmm...
	Michele:	Filippo, sei tu?
	Filippo:	mmm...
5	Michele:	Filippo! Filippo! Aspetta, te la levo io! Come (1) ....? Stai male?
		Dai! Dai, che ora ce ne andiamo. Mettiti su. (2) .... su.
		Dai Filippo che non ce la faccio, ti prego! Filippo, non lo capisci? Non lo capisci che se rimani qui ti (3) ....? Io sono venuto a salvarti! Alzati! Alzati, stupido!
	Filippo:	Non ce la faccio...
10	Michele:	(4) ....?
	Filippo:	Non ce la faccio...
	Michele:	Che hai detto?
	Filippo:	Non ce la faccio... scusami...

Michele:	Niente (5) ...., ce la devi fare, capito? Capito?
15	Dai, ce l'abbiamo quasi fatta! Dai che sei (6) ....
	Ora devi (7) .... Io ti spingo da sotto, ma tu ti devi tirare su.
	Dai che ce la fai, forza, dai che stanno arrivando...forza... dai...
	Bravo, (8) .... adesso!
Filippo:	Ho paura...
20 Michele:	Salta! Stanno arrivando, devi saltare!
	Bravo. Sei stato molto bravo.
Filippo:	Vieni, ti (9) ....
Michele:	No. Devi andare via. Vattene via! (10) ....! Vattene via!

1)	a) va	b) sta	c) stai
2)	a) tirati	b) girati	c) mettiti
3)	a) prendono	b) sparano	c) scavano
4)	a) cosa	b) come	c) che
5)	a) scene	b) perdono	c) scuse
6)	a) forte	b) grande	c) facile
7)	a) scendere	b) sentire	c) salire
8)	a) guarda	b) salta	c) scendi
9)	a) attendo	b) accetto	c) aspetto
10)	a) vattene	b) scappa	c) vai

45. Michele non riesce ad arrampicarsi sul cancello di legno e rimane dentro la stalla. Si sente il rumore di un'auto che arriva. Secondo te cosa succederà adesso? Come si concluderà la storia? Fai alcune ipotesi discutendo con i compagni, e poi guarda gli ultimi minuti del film. Avevi indovinato il finale? Sei rimasto sorpreso/a? Avresti preferito un finale diverso?

Spunti per la discussione in classe

46. Dopo aver visto le quattro sequenze, o l'intero film, rispondi a queste domande insieme ad un compagno.

a) Che cosa significa il titolo del film?

b) Che cosa pensi di Michele, il protagonista?

c) Che rapporto ha Michele con gli altri personaggi (gli amici, i genitori, Sergio)?

d) Che tipo di rapporto c'è tra Michele e Filippo?

e) Da quale punto di vista viene raccontata la storia? Pensa alle immagini, alle inquadrature e come si sviluppa la storia!

f) Potremmo dire che questa storia è come un "romanzo di formazione": Michele, un bambino innocente ed ingenuo, diventa improvvisamente adulto. Ricostruisci le tappe del percorso di Michele verso la maturazione.

g) Nel complesso, il film ti è piaciuto? Immagina di essere tu il regista: c'è qualcosa che cambieresti nel film (personaggi, parti della storia, ambientazione, musiche)?

Soluzioni degli esercizi

Es. 1: a) Salvatores è nato a Napoli il 30 luglio 1950; b) ha partecipato all'Accademia del Piccolo Teatro e ha dato vita al Teatro dell'Elfo, un centro di sperimentazione artistica;
c) Marrakech Express; d) l'amicizia, il viaggio come fuga, la solidarietà, la difficoltà di crescere, la nostalgia del passato; e) Mediterraneo;
f) entrambi hanno come tema la solitudine e sono un tentativo del regista di allontanarsi dal clima divertente e sereno tipico dei suoi film.

Es. 2: 1)b; 2)a; 3)b; 4)c; 5)c.

Es. 3:
Anno di nascita: 1966
Luogo di nascita: Roma
Titolo del suo primo libro: Branchie (1994)
Titolo del suo libro più famoso: Io non ho paura (2001)
Caratteristiche del suo stile narrativo: scrittura attenta e semplice

Prima sequenza
Es. 10:

Es. 4: c.

Es. 5: a.

Es. 6: Perché questo ambiente sereno, solare e incontaminato sembra rappresentare l'innocenza dell'infanzia, che prima o poi si perde, prima o poi succede qualcosa, anche doloroso, che ci fa crescere.

Es. 7: a)F; b)V; c)V; d)F; e)F.

Es. 8:
Irrefrenabile = incontrollabile;
filtrare = elaborare mentalmente;
immutabile = che non cambia mai;
stupefacente = sorprendente.

	età	caratteristiche fisiche	personalità
• Barbara		grassa	
• Il Teschio	12 anni	grosso, forte	autoritario, prepotente, coraggioso, gli piace comandare, veloce, agile, non particolarmente intelligente
• Maria	5 anni	occhiali da vista	ostinata, vuole stare con i più grandi.
• Michele	9 anni		
• Remo			incapace nel gioco (schiappa)
• Salvatore	9 anni	più alto di Michele	sveglio, solitario

Es. 12: a)3; b)1; c)2; d)4.

Es. 13: (possibili soluzioni)
a) mi seguiva continuamente e non mi lasciava mai in pace; b) dovevo portarla con me; ero costretto a portarla con me; c) non era tanto intelligente; d) Salvatore era più attento e furbo del Teschio.

Es. 14: I bambini stanno facendo una gara; vince chi arriva primo alla casa abbandonata; chi arriva ultimo deve fare una penitenza.

Es. 15: la scena si svolge in campagna tra i campi di grano giallo, probabilmente in un pomeriggio estivo nell'Italia centro-meridionale degli anni '70.

Es. 16: Michele è il bambino con la maglietta rossa e i pantaloncini beige; Maria è la più piccola del gruppo, ha i capelli castani lunghi e lisci e porta gli occhiali; Salvatore è il bambino con la maglietta blu; il Teschio ha una maglietta azzurra e i pantaloni marroncini; Barbara è la ragazza grassa; Remo è il bambino piccolo con la maglietta a righe e le bretelle, che vediamo solo nel momento della votazione.

Es. 17: Salvatore è più basso di Michele e non sembra molto sveglio, mentre il Teschio non è grosso e forte come lo descrive il romanzo.

Es. 18: c; e; g; a; d; j; i; h; f; k; b.

Es. 19: j; g; f; a; c; b; h; i; e; d.

Seconda sequenza
Es. 20: a) la scena si svolge di giorno; b) il tempo è sereno; c) il negozio dove entra Michele vende cibo e giocattoli; d) quando vede la macchina arrivare, Michele è spaventato.

Es. 21: uova, grano, pane, pasta, caramelle, bibite.

Es. 22: aspetto fisico: il bambino è alto più o meno quanto Michele, è biondo ed ha i capelli lunghi, ha la pelle chiara, tiene sempre gli occhi chiusi, è vestito solo con una coperta marrone, è sporco; personalità: è silenzioso, schivo, impaurito, disorientato (non sa dov'è, crede di essere morto).

Es. 23: a)V; b)F; c)V; d)F; e)F; f)F; g)F; h)V.

Es. 24: lo; me lo; te lo; lo; me ne; ci; ti.

Es. 25: Quando ci sono due pronomi, il pronome INDIRETTO va messo prima del pronome DIRETTO. *Mi* e *ti* diventano ME e TE; allo stesso modo *ci* e *vi* diventano CE e VE .
Gli si unisce ai pronomi diretti e diventa *glielo*, *gliela*, GLIELI, GLIELE .

Es. 26: a) Conosci Felice, il fratello del Teschio?; b) Io *(lo)* odio Felice; c) Ma è lui che ti dà da mangiare?; d) *(Ma)* hai parlato?; e) Se arriva Felice e lo trova, *(lui)* lo capisce!

Es. 28: Michele pensa che il bambino sottoterra sia il suo fratello gemello e che sia stato messo lì da suo padre perché era pazzo.

Terza sequenza
Es. 29: Il bambino è stato rapito dai "grandi" del villaggio di Acqua Traverse, tra cui il padre di Michele.

Es. 30: a) Filippo; b) Carducci; c) Milano; d) rapito; e) madre.

Es. 31: dovete tenere nascosto il bambino; tu non devi capire niente!; non siete capaci; te taci, che sei il peggio di tutti; tu sei un deficiente; anche ieri non ne hanno parlato; allora, non si sente niente!; mi rivolgo ai sequestratori di mio figlio; la cifra che avete chiesto è molto alta; due orecchie gli tagliamo!.

Es. 33: 1)c; 2)b; 3)b; 4)c; 5)b; 6)a; 7)b.

Es. 34: incollati, briciole, chiazze, mozziconi, barbiere, rosticceria, ciuffi, ventilatore.

Es. 35:

caratteristiche	nel libro	nel film
• corporatura	Magro	Robusto
• capelli	Senza capelli	Capelli brizzolati (neri e grigi)
• occhi	Infossati	Occhi scuri, porta gli occhiali
• naso	Lungo	Lungo
• barba	Bianca, corta	Barba e baffi lunghi, brizzolati
• sopracciglia	Lunghe e bionde	Lunghe e scure
• altre informazioni	Vestito azzurro, camicia marrone, catena d'oro al collo	Camicia rosso bordeaux a righe chiare, catena d'oro al collo, mastica uno stuzzicadenti

Es. 36: RISPOSTE APERTE

Es. 37: a) La mamma di Filippo ha detto che vuole molto bene a suo figlio; b) Filippo crede che i suoi genitori siano morti; c) Filippo pensa che Michele sia il suo angelo custode. d) Michele e Filippo hanno dieci anni; e) Michele e Filippo frequentano la classe quinta .

Es. 38: d; m; a; h; l; e; i; g; k; b; o; n; p; c; f; j.

Es. 39:
a) andarsene, starsene;
b) andar via da un posto: ANDARSENE;
usare tutte le proprie forze per fare qualcosa: METTERCELA TUTTA; non preoccuparsi di una cosa FREGARSENE/ NON IMPORTARSENE; smettere di avere un comportamento sbagliato: SMETTERLA/PIANTARLA/FINIRLA; riuscire in qualcosa: FARCELA; essere arrabbiato con qualcuno: AVERCELA; offendersi: PRENDERSELA; avere risultati discreti in un'attività/uscire bene da una brutta situazione: CAVARSELA.
c) RISPOSTE APERTE.

Es. 40: RISPOSTE APERTE.

Quinta sequenza

Es. 41. a) la scena si svolge di notte; b) Filippo
è rinchiuso in una stalla; c) Filippo è stanco;
d) Filippo ha le mani legate e un fazzoletto sulla
bocca; e) Michele illumina il posto con una torcia
elettrica.

Es. 42: 1)d; 2)a; 3)f; 4)e; 5)c; 6)h; 7)b; 8)g.

Es. 43:

Michele ha detto:	Filippo ha detto:
alzati	ho paura
bravo	non ce la faccio
ce la devi fare	scusami
dai, che stanno arrivando	vieni
forza	
salta	
stupido	
vattene	

Es. 44: 1)c; 2)a; 3)b; 4)b; 5)c; 6)a; 7)c; 8)b; 9)c; 10)a.

Es. 45: RISPOSTE APERTE.

Es. 46: RISPOSTE APERTE.

Finito di stampare nel mese di agosto 2008
da Grafiche CMF - Foligno (PG)
per conto di Guerra Edizioni - Guru s.r.l.